TODO LO QUE ODIAS DE TU SIGNO (Y TODAVÍA NO SABES)

TAURO

TODO LO QUE ODIAS DE TU SIGNO (Y TODAVÍA NO SABES)

TAURO

Una guía para sobrevivir a ti mismo

temas de hoy

167

Edición a cargo de Charas Vega
Corrección de estilo a cargo de Alba Armario

Desarrollo editorial: Anónima Content Studio
Redacción: Catalina Torres-Benjumea / María José Fermi
Cuidado editorial: Equipo Editorial Anónima Content Studio
Diseño: Anónima Content Studio / Lyda Sophia Naussán R.
Imágenes de interiores: © FreePik
Ilustración de la cubierta: Anónima Content Studio / Sheila Norma Alvarado Peña

Primera edición en español:
© 2023, Editorial Planeta Mexicana, S.A. de C.V.
Bajo el sello editorial DIANA M.R.

© Editorial Planeta, S. A., 2024
temas de hoy, un sello editorial de Editorial Planeta, S. A.
Avda. Diagonal, 662-664, 08034 Barcelona (España)
www.planetadelibros.com

Primera edición en esta presentación: septiembre de 2024
Segunda impresión: noviembre de 2024
ISBN: 978-84-19812-80-3
Depósito legal: B. 12.101-2024
Composición: Realización Planeta
Impresión y encuadernación: Huertas Industrias Gráficas, S. A.
Printed in Spain - Impreso en España

«No tenemos que avergonzarnos
de coquetear con el zodiaco.
Vale la pena coquetear
con el zodiaco.»
D. H. Lawrence

ÍNDICE

PRÓLOGO

Un signo que destaca por su paciencia, pero cuando explotan, explotan de verdad. Es difícil llegar a este punto con este signo, lo más seguro es que exploten después de diez años de guardarse cosas.

Les encantan los placeres terrenales y saben vivir el presente. Una crítica a Tauro: son muy sencillos y por eso les gusta tanto el sexo, dormir y la comida.

Son gente en la que puedes confiar, muy leales. Tauro es de tener amigos desde la infancia. Es de ideas fijas. El famoso dicho de que son tozudos es verdad, para qué mentiros.

Al ser el segundo signo, ya ha pasado el entusiasmo del nacimiento, por eso representan la curiosidad de un niño de uno o dos años que observa todo lo que le pasa.

Son perfeccionistas, les gusta «hacer las cosas bien» y poco a poco. Incluso hay gente que les tacha de lentos, defecto que nunca podrá atribuirse al trabajo. Valoran la estabilidad, la rutina y la tranquilidad por encima de todo. Imagina a un toro pastando tranquilamente, durmiendo la siesta, oliendo las flores y sin que nadie lo moleste: esa sería la vida ideal de Tauro. Podrían pecar de aburridos, porque les gusta repetir aquello que les ha salido bien, son conservadores en sus decisiones y no son el signo más valiente.

La parte del cuerpo que los representa es el cuello y la garganta y es recomendable que se tapen bien durante el invierno. Pecan de caseros, de manera que su casa es su templo y dedicarán todo su tiempo y su dinero en dejarla tal y como ellos quieren.

Charas Vega (@charcastrology)

INTRODUCCIÓN

Todos hemos escuchado hablar de los horóscopos. Están en nuestra vida diaria, casi casi en nuestro ADN: que tu amiga comenzó a salir con un Piscis, que tu jefe resultó ser Leo o que por alguna razón eres muy organizada, y casualmente eres Virgo. Pero hay más que eso. La astrología influye en ti y tus relaciones con el universo en general.

En este manual para la vida te invitaremos a reconocerte en aquellas cosas que odias de tu signo (y todavía no sabes). Creemos que en la oposición están también las fortalezas; en reconocer lo que somos y lo que no. Hacer tuyo todo esto te hará mejor. ¿No es así, Escorpio? ¿Te suena, Acuario? Así que hemos recopilado todo aquello que no quieres reconocer y te lo hemos dejado bien clarito para que no te quepan dudas y puedas interactuar mejor con los demás y, por supuesto, contigo mismo.

Unas cuantas reglas de este universo

Te pedimos que dejes la lógica fuera —va para los Virgo—, y que después de leer esta guía analices tu vida e intercambies ideas y opiniones —sigue tu propio ejemplo, Géminis—. Lo que deseamos es que no te inventes historias en la cabeza; si eres Cáncer, ese mensaje es para ti, claramente. ¡Haz caso a las estrellas y déjate llevar!

Pero antes de empezar te pedimos que no dejes que nuestro tono sarcástico o nuestra ironía afecte tu sensibilidad, hay que tener sentido del humor en esta vida; hay que aprender de Sagitario. Nosotros hemos gozado escribiendo este manual de vida desde el humor negro. Primero, porque esa es una estrategia para afrontar mejor el estrés o algunos eventos críticos de la vida. Segundo, porque ayuda a reconocer cuando te equivocas —toma nota, Aries—. Y tercero, porque simplemente es más divertido hacerlo así.

El escritor estadounidense Mark Twain —típico Sagitario— lo definió de este modo: «El ser humano solo tiene un arma efectiva: el humor». A lo que el poeta francés Jean de Santeul —otro Sagitario— añade: *Castigat ridendo mores*, es decir: «Corrige las costumbres riendo». Así que nos lo hemos tomado en serio y en esta guía te mostraremos un camino que va por ese lado.

LOS 12 SIGNOS DEL ZODIACO

Este no es uno de esos libros de horóscopos que romantiza la astrología y solo ve lo bueno de los signos, ese que ya tanto conoces y que has leído desde siempre. Aquí te vamos a decir «lo rudo» de los signos, por así decirlo: la verdad salvaje de cada uno, sin anestesia. Mejor dicho, este es un ANTIHORÓSCOPO: una guía de todo lo que no son, y que en realidad los pinta de cuerpo entero. Agarraos que allá vamos.

ARIES

21 de marzo–19 de abril

Aries, tú no conoces el límite. Con tu cornamenta lo empujas siempre para demostrar que puedes hasta con lo inalcanzable, incluso si acercarte a las llamas significa que puedas quemarte de vez en cuando. Eres puro fuego, pasión e impulso. ¿Ser uno más de la manada? Imposible. ¡Jamás! Tú no naciste para seguir al resto, sino para liderar.

Elemento: Fuego - **Regente:** Marte

TAURO

20 de abril–20 de mayo

Tauro, tú no naciste para sufrir. Eres un gozador nato. No entiendes cómo hay gente que no disfruta todos los placeres de la vida a cada momento, en cada instante. Aunque puedas parecer muy hedonista, la realidad es que —como buen toro— tienes los pies sobre la tierra. Eres confiable y estable. Eso sí, lo testarudo nadie te lo quita.

Elemento: Tierra - **Regente:** Venus

GÉMINIS

21 de mayo–20 de junio

Arriba o abajo. Blanco o negro. Amor u odio. Géminis, a ti el punto medio te da alergia. A ti lo que te gusta son los extremos, puedes pasar de un extremo al otro como quien cambia de ropa interior a diario. Te habita un par de gemelos que van a su estilo, los dos muy guapos, hermosos; ellos son los reyes de la calma y de las buenas bromas.

Elemento: Aire - **Regente:** Mercurio

CÁNCER

21 de junio–22 de julio

Cáncer, tú que odias la inestabilidad y las ambigüedades, siempre estás listo para zambullirte en el mar de emociones que es la vida. ¿Viene una ola de alegría? Ahí estás. ¿Viene una ola de tristeza o mal humor? ¡Caparazón, para eso te tengo! La intuición pocas veces te falla, por eso eres el consejero del zodiaco, aunque tu sensibilidad a flor de piel a veces te traiciona.

Elemento: Agua - **Regente**: La Luna

LEO

23 de julio–22 de agosto

Confiesa, Leo, cuando entras en una habitación piensas para ti: «Abran paso a su alteza, rey de la selva, primero de su nombre, señor de las constelaciones y protector de todo el reino zodiacal». Y es que naciste para brillar y liderar. Aunque a veces ese poder se te suba a la cabeza y reines en la oscuridad de tu propia soberbia.

Elemento: Fuego - **Regente:** El Sol

VIRGO

23 de agosto–22 de septiembre

Vamos a delatarte, Virgo. No hay nada que te saque más de quicio que te cambien los planes. Tú no dejas nada fuera de orden, eres amante de las hojas de Excel y las agendas. Si de último minuto te cancelan una cita, no hay poder humano que te haga aceptar otra. Tienes un espíritu eficiente y perfeccionista que no puedes con él.

Elemento: Tierra - **Regente:** Mercurio

LIBRA

23 de septiembre–22 de octubre

Que no te pidan enfrentar un conflicto o tomar una decisión radical, Libra. Tú eres el amo y señor de los matices. Te sientes cómodo moviéndote en un sinfín de tonos grises. Como buena balanza que eres buscas el equilibrio, pero sueles tener respuestas que no son «ni fu ni fa». Ahora bien, lo que te sobra de indeciso lo tienes de sobra en acto y espíritu conciliador.

Elemento: Aire - **Regente:** Venus

ESCORPIO

23 de octubre–21 de noviembre

Ni olvido ni perdón. Los que dicen que los monstruos no existen no te conocen enfadado, Escorpio. Y una vez que clavas el aguijón no hay vuelta atrás. No hay disculpa que sirva; «ojo por ojo y diente por diente» es tu ley. La memoria es tu aliada, pues tampoco olvidas los buenos gestos que otros han tenido contigo. Magnético y pasional, andar a tu lado es abrazar el misterio y saltar al vacío sin saber si el paracaídas abrirá o no.

Elemento: Agua - **Regente:** Plutón

SAGITARIO

22 de noviembre–21 de diciembre

No tener planes no es lo tuyo, Sagitario. Quedarte quieta o quieto, tampoco. Los días duran 24 horas, pero los tuyos tienen 30. Si no tienes nada que hacer, te lo inventas. Eres pura aventura, vives para intentar cosas nuevas: viajar a lugares desconocidos, degustar platos exóticos y probar cuanta posición en la cama tu cuerpo te permita.

Elemento: Fuego - **Regente:** Júpiter

CAPRICORNIO

22 de diciembre–19 de enero

Para ti, Capricornio, no existe peor pecado que no cumplir una promesa. La palabra es palabra; si no, azote. Tú ordenas tu mundo con una línea imaginaria que divide todo lo que está bien de lo que está mal y más les vale —¡y a ti también!— estar del lado correcto. Si la vida es una montaña, tú naciste para treparla y llegar a la cima, aunque cueste sangre, sudor y lágrimas.

Elemento: Tierra - **Regente:** Saturno

ACUARIO

20 de enero–18 de febrero

¿Seguir las reglas del juego? Eso nunca. Las pautas y normas no se inventaron para ti, Acuario. Tú estás lejos de ser casto y puro. Eres libertino y cuestionas hasta el cansancio. Buscas nuevos caminos para innovar y, ¿por qué no?, liberar todo aquello que consideras injusto. Lo que tienes de audaz e intrépido, también lo tienes de impredecible y esquivo.

Elemento: Aire - **Regente:** Urano

PISCIS

19 de febrero–20 de marzo

A ver si Piscis nos presta atención. Deja tu realidad paralela un segundo, por favor. Sabemos que no te gusta sentirte preso y que tu respeto por las convenciones es tan abstracto que dejas que todo fluya por otro lado. Si las cosas se ponen difíciles, te esconderás entre los corales; pero cuando estés preparado, ¡vaya!, saldrás a la superficie para dar un coletazo si te desafían.

Elemento: Agua - **Regente:** Neptuno

TAURO

UN TAURO

TE QUIERE,

PERO JAMÁS

te necesita.

ANIMAL

Lo primero que se nos viene a la cabeza cuando hablamos del toro son sus cuernos, pero ¿qué nos dicen de las patas de ese animal? Son muy gruesas, fuertes y pesadas; pareciera que no se van a separar del suelo jamás. Tú, Tauro, eres este ser estable con las patas, perdón, con los pies bien plantados en la tierra, que solo pueden ser movidos por voluntad propia y cuando te da la gana. Así eres, fuerte en tus creencias y aferrado al mundo físico, a los lujos y las comodidades. Donde sea que vayas vas pisando fuerte, muy fuerte, y no caminas a menos que estés seguro del terreno que tienes delante. Tu hedonismo tiene cuernos y apellido; y está ubicado al fondo, en la extrema zona de confort.

CONSTELACIÓN

Como expertos en el arte de la astrología no tenemos ni idea de en qué estaban pensando los que vieron un toro en las estrellas, quizá fueron los mismos que pensaron que estabas enamorado de la Luna. En fin, lo que sí sabemos con certeza es que tienes la fuerza de una bestia, pero la delicadeza y el gusto por lo bello, una herencia de Venus. Y si piensas que son opuestos, pues te equivocas. Tú estás fuertemente apegado a lo lindo, lo placentero y a lo que se pueda ver, Tauro.

Tú naciste teniendo la razón, punto. Incluso si te dijeran que los signos han cambiado y ya no naciste en esta constelación, no cambiaría tu percepción. ¡Lástima!, porque no hay prueba científica que te convenza de lo contrario. A ti que no te vengan con misticismos.

SÍMBOLO

Oye, cabeza de toro, este símbolo que te representa no es solo el recordatorio de que tu camino lo alumbran unas estrellas que se hacen pasar por un toro, también te indica la majestuosidad con la que te paras en el mundo y lo elegantísimo que te ves simplemente con respirar. En la mitología griega dicen que Zeus se transformó en un toro blanco para ser el más hermoso de los hermosos y así conquistar a una tal princesa Europa. No en un pavo real, ni en un gatito con ojos tiernos, sino en un toro poderoso y majestuoso que te representa y hace que tengas características muy raras cuando se mezclan, pero cuando te conocen bien, tienen todo el sentido y se vuelven armonía pura.

PLANETA REGENTE

Después de todo el voltaje del primer signo (Aries), los astros decidieron pulir la creación y centrarse en lo hermoso y delicado, algo tan sutil y bello como lo eres tú, Tauro. Venus es el planeta que te rige y te hace por completo devoto de lo que te dé placer y lo que puedas disfrutar. Tú no quieres unas chocolatinas, a ti que te compren la fábrica y ojalá esté en Suiza. El famoso refrán popular «Lo importante es el detalle» es para los otros, a ti te importan las posesiones extraordinarias y ostentosas.

Disfrutar es lo tuyo, tus sentidos son los que te mandan. A ti no te importa ser el más visto o que te pongan el reflector, no; a ti la vida te hace brillar por lo bonito que te ves y el atuendo que cuidadosamente has escogido esa mañana, como la edición limitada de tu marca favorita.

Que corran los otros por esa atención, pues si te quieren ver, que sean ellos los que hagan cola; así, como los famosos de verdad. Venus es el planeta del amor y los placeres, dos cosas que te tomas muy en serio. Tu relación con Afrodita —que también es Venus— es por el lado más terrenal: el sexo, la buena comida, el confort, la belleza en la naturaleza, en el arte o en esos humanos que hacen que se desencaje la mandíbula. ¡Que vengan a ti!, porque naciste para ser exitoso desde tu lugar.

Nuestra recomendación: consigue un regulador, no vaya a ser que destruyas el mundo a tu paso con ese exceso de energía.

ELEMENTO

No naciste, te sembraron. La tierra es lo que te da cordura; te hace confiable, testarudo y cabezón. En tu vida trabajas duro, podría decirse que con la fuerza de un toro. Los estados alterados de conciencia no son para ti, hablamos de las rabietas y los berrinches. Cuando te enfadas no explotas, no eres pólvora que estalla, por el contrario, tus furias son largas y profundas, tienen raíces, como tú, Tauro. Por eso podemos decir que no hay nada más confiable que la ira de un toro. Tienes algo muy parecido a la paciencia, pero es resiliencia, porque no es que soportes las adversidades, más bien resistes y te adaptas en tus propios tiempos. Vas a tu ritmo y que ni se les ocurra pedirte que te des prisa. Solo aquellos que entienden la belleza saben que todo radica en tener el tiempo suficiente para apreciarla.

La tierra también te hace estable, no eres de los que viven detrás de los impulsos, esos se los dejas a los Aries. Si tomaste una decisión equivocada, que no pasa con frecuencia, la asumes hasta el final y haces todo lo posible por volverla acertada en el camino. No la cambias, ¡para nada! Eres terco hasta el tuétano y bueno, estás sembrado y no tienes muchas más opciones. La terquedad te hace inteligente y la lentitud te da la razón, pero los que no estamos bien puestos en la tierra tenemos problemas para entender tu ritmo y tus decisiones.

PERSONALIDAD

¿QUÉ NO ERES, TAURO?

Podrás tener cara de ser generoso, pero jamás sacrificarás ninguna de tus comodidades por andar con una hermosa personalidad a secas. A ti te gusta lo bello, lo que te despierta la sensualidad y no hay nada mejor que ver con el alma. Te encanta el arte, la estética de las cosas, la ropa perfecta y acorde con tu personalidad y, por supuesto, con la ocasión. Esto no quiere decir que seas superficial, que no se confundan, solo haces conexiones profundas, que tengan un significado y que perduren a través de los años. A ti tampoco te gusta perder el tiempo, las relaciones relámpago requieren demasiada energía; prefieres invertir en comer algo delicioso acompañado de un gran vino, ahí está el verdadero placer. Porque eso es lo verdaderamente trascendental, dirás. ¿Y quiénes somos nosotros para decirte qué está mal?

Tauro, el que no se adapta

¿Ya te habíamos dicho que eres terco? Definitivamente la fuerza te acompaña en las ganas y la testarudez; tienes temple, pero en lo cotidiano no eres furioso. Eso quiere decir que estás tranquilo, pero cuando se meten con lo que crees, o si te quieren alborotar tu tan cuidada rutina, es mejor que desaparezcan o que usen sus patitas para huir. Los estallidos taurinos dan mucho miedo, pero da más miedo lo que duran. ¡Gracias a Dios no es tu estado natural!

Aunque puedes llegar a ser el alma de la fiesta, si te da la gana, en tu vida normal eres callado; te gusta mucho estar seguro y cómodo, que no te muevan del sofá que tienes en tu casa —que además debe ser hermoso y combinar con tu estilo—. Te gusta lo bonito, las comidas deliciosas con nombres raros y de lugares exóticos. Prefieres observar que hablar, analizas a los humanos desde la distancia hasta decidir dar una estocada o seguir pastando tranquilo.

Al ser tan analítico te cuesta un montón la espontaneidad o no tener la razón, de hecho, eso no tiene sentido, en tu cabeza solo hay espacio para tu verdad; si los demás piensan diferente, simplemente están equivocados. A ti, Tauro, te envidiamos la calma y la fuerza que tienes para conseguir lo que quieres. Obvio, siempre con un plan perfectamente trazado; para ti nada de sorpresas que te dejen en el suelo, así no te gusta, ¿verdad?

Tauro, el que no llega a tiempo en el amor

No nos malinterpretes, con los romances eres generoso y estable pero lento, tanto que, cuando por fin lo decides, el otro humano ya se cansó de esperarte. Tardas tanto en contarle a alguien lo que sientes, que es probable que ese alguien ahora tenga dos hijos con un signo de fuego que conoció mientras esperaba tu llamada. Pero cuando por fin decides abrir tu corazón, lo haces de verdad y no te guardas nada. Por eso cuando tienes una relación es más una posesión que una pareja, eres territorial y celoso. Sin embargo, también eres un maestro en el arte de la seducción, querido Tauro: sabes manejar los silencios, las miradas, los gestos, y eres experto en conquistar desde la majestuosa discreción. Estás regido por Venus, el planeta de las relaciones de pareja, la sensualidad, la satisfacción emocional y la belleza. Te encanta tocar; en la sexualidad te apasiona usar el tacto como herramienta de placer, tocar es tu fortaleza y vaya si lo haces bien.

«¡Necesito ayuda!», dijo ningún Tauro nunca

No te gusta molestar a los demás, te parece espantoso siquiera pensar que estás fastidiando a otro ser. Como asumes que poca gente puede entender lo que te pasa, también te guardas lo que sientes y por eso te generas problemas, porque estás tan metido en ti que te ahogas solo y no levantas la mano; crees que todo lo puedes por esas patotas fuertes que te sostienen y no te dejan caer. Pero, Tauro, no puedes con todo, por más que te pongas al límite de forma constante; cuando llegas a este lo haces con la última gota y, claro, aunque no sea tan grave, explotas. En consecuencia, quedas frente a todo mundo como un histérico loco porque, «no era para tanto». Por eso tienes fama de bravo, y porque los demás se pasan el dia poniéndote trapitos rojos por delante para ver si pueden confirmar el monstruo que no eres.

Tienes un regalo divino y es que puedes evitar muchos conflictos; el drama y la histeria son demasiado ruido para ti y prefieres alejarte, pero no es tu punto débil. Ante todo, eres práctico y tus soluciones se enfocan en la que sea la más sencilla. Te encanta relajarte en ambientes serenos, rodeados de aromas suaves y sabores exquisitos. Cualquier manifestación de lujo o comodidad atrae tu mirada y trabajas duro para conseguirlos.

El restaurante lo escoges tú, porque te has esforzado y has probado de todo y no estás dispuesto a tener una mala experiencia por culpa de un novato. Que nadie te diga que «el dinero no lo es todo en la vida», pues eres el signo más materialista de todo el zodiaco, lo que no quiere decir que seas interesado, ese es un tema muy distinto. Vivir en la tierra y usar los cinco sentidos tiene más lógica que preguntarse si la realidad es una ficción o cuestionarse si ser o no ser, o cualquier otra dificultad inventada.

DEFECTOS

Vivir buscando el placer y la comodidad en todos los rincones de la vida te trae problemas y malentendidos con los que no han sido regidos por Venus. Ser tan terrenal hace que menosprecies la espiritualidad y los detalles no costosos de la vida. Eso lo acompañas de tu pasión por acumular tesoros extraordinarios —todos materiales—, la experiencia que la atesoren los Piscis o los Libra.

En el amor eres demasiado posesivo y celoso. Bájale dos rayitas, que no se te van a ir. O sí, si continúas con esas actitudes. Tienes una idea de que las relaciones son por los siglos de los siglos, como los pingüinos; esto podría ser una fortaleza, pero tener el anillo de compromiso en el bolsillo puede asustar a cualquiera.

Eres muy testarudo, esos cuernos no te dejan cambiar de opinión, ni de rumbo. Eso puede hacer que las personas con las que te relacionas se alejen, porque no se pueden equivocar a tu lado.

LO QUE TE HACE SUPERIOR

Tauro, tú quieres y atesoras la privacidad y solo la compartes después de hacer una investigación profunda y un trabajo de campo con método científico que pruebe que la persona es confiable. Eres el mejor confidente del zodiaco: podrían torturarte y el secreto que te confiaron estará a salvo en su totalidad. A veces eres tan discreto que no te cuentas ni a ti mismo lo que otros te han confiado.

TU PEOR INSULTO

Cuando te pones «panza arriba» y bajas la guardia, hay una serie de acciones que consideras faltas de respeto y te hacen querer cortar cabezas:

- Que te mientan.
- Que se anden con juegos mentales y no sean claros.
- Que deliberadamente quieran provocarte celos.
- Que no te den tu lugar y te escondan.
- Que a alguien se le ocurra contar tus secretos.

«EL LÍMITE NO EXISTE»

Tú no vuelas, la imaginación no te hace andar en una nube rosa, pero si hay algo que rompa tu coraza es el amor. Puedes defender tu comodidad, encerrarte para no ver a nadie mientras recargas las pilas, pero no hay nada que no harías por los tuyos. Puede parecer que es cuestión de cualquier humano, pero en ti la cosa es muy seria. Y es que incomodarte es un pecado mortal, esforzarte por otra persona es algo casi imposible que solo logra tu amor sincero por esos poquitos otros, porque no son muchos los que tienen este privilegio. Si alguien que quieres te pide ayuda, haces hasta lo imposible. Te puedes ver en aprietos y hasta cargas con responsabilidades que no te corresponden.

TU LADO *DARK*

No te va a gustar esto, Tauro, y ojalá no nos pongas en tu lista negra porque para salir de ahí prácticamente hay que volver a nacer. La necesidad que tienes por los lujos y las cosas terrenales te vuelven materialista y puede confundirse con ser muy mezquino.

El otro lado oscuro que te hace insoportable es que siempre crees tener la razón y te entierras con eso aunque estés equivocado. Hasta puedes someterte a un polígrafo y salir ileso de lo convencido que estás de tus verdades. Si se te mete en la cabeza que la Tierra es plana, ni Galileo sería capaz de abrirte los ojos.

ASESINOS EN SERIE

Tauro es, sin duda, el asesino en serie perfecto, una máquina de matar sin fisuras, gracias a su templanza, paciencia y tenacidad. Cabe destacar que, después de ver el primer muerto no va a ponerse nervioso (o al menos eso es lo que nos ha contado), sino que va a ser perfectamente capaz de esconderlo en el mejor sitio y va a guardar el secreto mejor que casi cualquier otro signo. Justo por eso resulta un cómplice excelente.

Aquí algunos de estos asesinos en serie que no serían tan Tauro (porque a ellos sí que los pillaron).

Albert Fish: Pasó de tener un perfil muy bajo a cargarse a un montón de gente sin que lo cogieran. Si buscáis imágenes de este señor en Google veréis que parece un abuelito muy tierno con poquísima pinta de practicar las perversiones que llevaba a cabo (esto último os recomiendo que no lo busquéis...).

H. H. Holmes: Otro Tauro que mató muchísimo y que casi se sale con la suya. Solo pudieron demostrar nueve de los más de doscientos asesinatos que —presuntamente— perpetró. Es considerado el primer asesino en serie de la historia, nada mal.

MODA

Los Tauro tienen el mejor fondo de armario imaginable, un catálogo de piezas clave que sirven para todo. A Tauro no le da miedo gastar mucho en dinero en ropa si le prometen comodidad y durabilidad, por eso puede llegar a tener pantalones de hace más de diez años y que no piensa tirar jamás (por eso y porque cuida su ropa como su fuera un ser querido más de la familia).

Muchos tonos tierra y negros, aunque sin renunciar a un toque de color en las ocasiones especiales. Venus (el planeta que los rige) es un astro discreto y sensual en la astrología.

Tauro no es un signo que llame la atención por *looks* demasiado arriesgados, prefieren ser la persona que pasa desapercibida en la fiesta.

Otro punto a tener en cuenta con Tauro es que valoran la calidad por encima de todo. No es raro ver a un Tauro con alguna prenda de *quiet luxury*, es decir, prendas caras y de buena calidad pero que no quieren llamar la atención por ser caras, son marcas alejadas del *fast fashion,* solo conocidas por los entendidos.

PLAYLIST

Canciones Tauro de artistas Tauro:

- Mac DeMarco — *Salad Days*
- Bon Iver — *Beach Baby*
- The Talking Heads — *This Must Be the Place (Naive Melody)*
- Birdy — *People Help the People*
- Roy Orbison — *Only the Lonely*
- Eric Burdon & the Animals — *Hotel Hell*
- Lily Allen — *Fuck You*
- Travis Scott — *goosebumps*
- Rico Nasty — *Own It*
- Cher — *Strong Enough*

PERSONAJES FICTICIOS

Homer Simpson, de *Los Simpson*

Le gusta vaguear, comer, intimar con Marge y ver la televisión. No es simple, tan solo sabe lo que quiere y adora más que nadie el placer de no hacer nada.

Sam, de *El Señor de los Anillos*

Grandes y leales amigos y mejores cuidadores. Les encanta recibir, pero son muy felices dando a las personas que más quieren. Pon un Sam en tu vida e irá contigo hasta el fin del mundo (o, al menos, de la Tierra Media).

Pocahontas

Una chica conectada con la naturaleza, sus seres queridos y su forma de vivir la comunidad. Aunque no se sabe mucho de ella, más allá de los testimonios de John Smith, se intuye que fue una mujer obstinada e inteligente.

PERSONAJES REALES

Cher

Tres mil eras, momentos vitales de todos los colores... y ahí sigue, al pie del cañón. Poca gente puede llevar una estela de fama y fortuna desde los años setenta siendo actriz, modelo y cantante. Más que icónica.

Roy Orbison

Hizo carrera, pero nunca fue una *rockstar* al uso. Era muy tímido, tenía muchas canciones de desamor. Un rey.

Wes Anderson

Asceta de la imagen. En sus películas no hay demasiada acción, pero sí mucho placer visual. Wes tiene un don para saber dónde poner la cámara y contar historias tiernas que para muchos serán infantiles (dicen que los Tauro pecan de simples y aniñados), pero que tratan de temas bien serios.

TUS MOMENTOS MÁS ODIOSOS

No hay nadie tan dedicado y juicioso en todo el horóscopo. Eres diligente, trabajas con ahínco y lo tuyo no es quejarte. Básicamente la persona con la que todos queremos hacer equipo, o eso es lo que tú piensas de ti mismo. Desde el otro lado, lo que vemos los mortales es una sobredosis de terquedad y la necesidad casi biológica de tener la razón. Y ¡¿quién mueve a un toro?! Claro, te quedas por milenios y milenios en relaciones completamente inhabitables o en ese trabajo espantoso que odias todos los días, todo el día, solo por tener la razón. Ahora sí que como dicen los más jóvenes: Tauro, ¡date cuenta!

EL REGALO MENOS DESEADO

No eres difícil de complacer, solo necesitan regalarte la edición limitada e impagable de la marca que te gusta o la venta de un riñón para pagar aquel caprichito original. Entonces, llegados a este punto, el peor regalo que te pueden dar podría ser una baratija común o una réplica, porque ¡ojo!, tienes horror profundo a lo falso, lo cual incluye a las personas también.

EL COLMO DE LOS COLMOS

El peor escenario para ti es tenerte que incomodar por alguien que no te cae tan bien ni te gusta tanto. Salirte de la zona de confort es difícil y lo odias, pero la cosa se puede poner mucho peor, y ser una fatal experiencia, al tener que desacomodar tu muy estructurada y planeada vida por culpa de alguien que ni siquiera soportas que respire cerquita de ti. Podríamos pensar en esto como una tortura de guerra.

Un segundo colmo —porque hoy nos escuchas sí o sí, Tauro— es que tu pareja, en la carrera de observación, tenga la energía de un Aries insoportablemente acelerado y con el deseo imperioso de ganar en todo lo que a ti te da igual. Súmale puntos a tu odio si te corrige.

HOBBIES QUE ABORRECES

- Todo lo que implique salirte de tu ritmo.
- Las aventuras extremas como tirarte de un paracaídas, hacer *puenting*; lo que se te ocurra que implique una sobrecarga de adrenalina.
- Hacer un *rally*.
- Correr un maratón sin propósito.
- Hacer enduro.

JAMÁS TE DISCULPARÁS POR...

En general no te disculparás por nada porque, obviamente, siempre tienes la razón. Pero en el supuesto de que lo hicieras, sería por:

- Gastar mucho en comida *gourmet*.
- Comprar una nueva planta cada ocho días.
- Tener la razón incluso cuando no tienes la razón.

Naciste así, no tienes el talento para reconocer que, de vez en cuando, te equivocas. Si alguien empieza a pelear contigo debe estar preparado para perder toda la energía y terminar con un «¡de acuerdo, ganaste!» como último argumento. De lo contrario no saldrá vivo del encuentro.

ANTIMATCH

Eres una persona naturalmente sensual, fan de la perfección y el cuidado. En las relaciones eres entregado, cariñoso y paciente. Cuando te gusta alguien, te tomas tiempo para analizar aquello que lo rodea, y si te sientes tranquilo, lo entregas todo.

El miedo a perder, a no estar en tu zona de confort en las relaciones, te vuelve controlador y posesivo. Por eso te vamos a ahorrar un poco de tiempo y te daremos una lista de los signos que podrían causarte terror.

Géminis

Ni siquiera puede decir que tiene el color de los ojos estable, los gustos le cambian con el Sol y el amor se le queda en la ropa que usó el día anterior. Puedes tener las mejores y más entretenidas conversaciones con ellos, pero es una trampa, un Géminis no tiene la capacidad de esperar a que te decidas si te gusta o no. Ellos tienen la atención de una mariposa y lo que les gusta un día, es lo que más odian el mismo día más tarde. Un toro como tú no está para andar cazando mariposas de flor en flor.

Aries

Estos rayos veloces son capaces de empezar una relación sin que estés en ella, viven tan rápido que no te dejarán respirar. Los carneros son impetuosos, arriesgados y pasionales. Además, se alimentan de adrenalina y velocidad; en cambio, tú te tomas el tiempo para disfrutar, saborear y vivir todos y cada uno de los estímulos de la vida.

Sagitario

Mientras tú estás buscando una vida planeada, tranquila y serena, un sagitariano improvisa todo, la aventura lo llama y no le importaría cambiar de país de un día para otro. Quién sabe si tus raíces se alarguen tanto como para cambiar tu vida en un segundo solo porque encontraste sinceridad y optimismo en un Sagitario.

AMOR

¿CÓMO ERES EN EL AMOR, TAURO?

Estable, pragmático, rígido... pero podemos empezar por el principio. Cuando te llama el amor te sientas a hacer listas de pros y contras, analizas todos los rasgos de ese pobre ser que simplemente estaba pasando por ahí. Una vez que pasa el escáner si todavía consideras que vale la pena, el acercamiento es lento, sin afán.

Lo más importante para ti a la hora de tener pareja, Tauro, es un amor que te dé calma, estabilidad y no estés irritado todos los días pensando en qué hizo, dónde está... prefieres estar solo que con un manojo de preocupaciones. También pasa que eres de los que asustan, porque llegas con cara de matrimonio y no todos entendemos esa obsesión por sembrar que tienen los signos de tierra, pero en especial tú. Es por eso que no tienes prisa para escoger a tu persona, que no puede ser cualquiera, claro. Una vez que te emparejas te vuelves un poco controlador y eso asusta, cuidado con el toro. Te recomendamos que te relajes y que tomes las relaciones un poco menos «como la persona con la que quieres pasar el resto de tu vida» y más como «aquella persona que acabas de conocer».

En el sexo no es diferente, te gusta tomarte el tiempo, recorrer a tu amante, jugar y calentarlo todo. Nada del tradicional mete y saca, lo tuyo es encontrar el placer en los sentidos, despertarlos y hacer que tu par conozca una nueva forma de placer. ¡Genio! Es una virtud que solo entiendes tú y los que te han disfrutado. Es verdad que las palabras no hacen justicia, todos deberíamos probar un Tauro al menos una vez, con el peligro adicional de convertirse en su pareja o su rehén.

LO QUE NO HARÍAS NI POR AMOR

¿Darle la razón a alguien que piensa diferente de ti? No hay la menor posibilidad, Tauro. Ni en tus peores pesadillas das la razón. Que formen una fila y se sienten a esperar por los siglos de los siglos, porque esto se va a demorar más que la cola del banco al mediodía.

Tampoco vivirías en los tiempos que no son los tuyos, y que deje de girar la Tierra si le apetece. No hay peor enfermedad para ti que te presionen o que te digan que lo hagas rápido, no importa qué te pidan.

AHÓRRATE LA TERAPIA

Querido Tauro, no queremos hacer llover sobre mojado, pero no estaría de más que consideres dejar de controlar a tu pareja (recuerda que no es tu rehén). A esa persona le puede dar hambre a horas diferentes, incluso puede querer irse de fiesta en vez de ir al mejor restaurante de la temporada y esto no significa que no te ame. Solo quiere decir que es otro humano y que no es tu apéndice. Y como ente autónomo e independiente le pueden dar ganas de hacer otras cosas sin que eso afecte el amor que siente por ti.

Señor don toro: para dejar de sufrir por amor y no gastar ese dinero en terapia, lo que significa más presupuesto para tus gustitos impagables, lo ideal es que seas Yoda, que veas a tu pareja como una república independiente que se manda sola y eso no es sinónimo de infidelidad, desamor o alguna otra locura que te pase por la cabeza.

¿CÓMO APLICAS EL *GHOSTING*?

Puede ser el humano más bello del universo o el que te caliente más, pero si la persona huele a problemas, a mentiras o a manipulación, ¡adiós! Nos vemos, *arrivederci*, Roma. Tú prefieres tu tranquilidad; si hay una persona que te haga mover de tu comodidad física, mental o emocional, y te das cuenta antes de tomar la decisión de que no tiene espacio en tu mundo, solo dejas de darle un trato especial y vuelves a tu torre de frialdad.

TU MEJOR LIGUE PARA UNA SOLA NOCHE

No estamos seguros de que el amor de una sola noche exista para ti, pero Cáncer es el amante perfecto que quiere gozar todo despacio, es muy sensual y también le gusta complacer a su pareja. El problema es que a ninguno de los dos les gustaría encerrarse en el baño de un antro y que todo pase muy rápido, porque eso no les excita. La solución es que tengan una cama en donde se sientan cómodos y se puedan tocar todo por todas partes al ritmo que les guste. Y que dure lo que tenga que durar.

TU AMANTE IDEAL

Lo que tienes dentro es muy intenso, Tauro. No esperes a que cualquier signo lo entienda. No necesitas hacer el pino ni sacar el látigo para mostrar tu pasión. La intensidad con la que sientes las caricias y el tiempo que te tomas en estimular todos los sentidos es una práctica que no puede aguantar cualquier signo. El amante ideal debe tener presente que lo importante no es llegar a la meta, sino disfrutar el recorrido.

Del elemento fuego creemos que Leo puede pasárselo muy bien en ese toqueteo apasionante y, a la vez, puede complacerte con su pasión ardiente. Cuando este signo está en una relación, se lo juega todo para que la experiencia salga bien. Y no te mereces menos que un rey.

Tu compañero de elemento, Capricornio, puede verse dominante y molesto a simple vista, pero la sensación de puerto seguro y el arraigo a la tierra puede hacer que compartáis la comodidad de la cama para exploraros sin sorpresas aventureras que puedan salir muy mal.

¿QUIÉN ES TU PEOR AMANTE?

Aries podría encabezar esta lista porque ama y es adicto a todo lo que odias. Para los Aries el lugar menos sexy del mundo es una cama, la forma más aburrida de hacerlo es planeándolo y, por si fuera poco, andan con prisa y no tienen paciencia ni para calentarse, ni les da placer lo que no tiene adrenalina acompañado de velocidad. Huye, Tauro.

Otro Tauro, pensamos que es ir en contra de la naturaleza. Los toros son dominantes y tú naciste con la influencia de este animal. No importa cuál sea tu género, tu naturaleza es dominar y dar placer como a ti te gusta. ¿Y si no les gusta de la misma forma? Este experimento puede resultar muy peligroso. Pero sabemos que, si te gusta, nada de lo que leas te va a hacer desistir... rezaremos por ti.

CÓMO NO ABURRIRTE, TAURO

Si pones la terquedad dentro del refrigerador solo un momento y abres los ojotes, te vas a dar cuenta de que ni tú eres el mismo que eras. Sabemos que no te aburre quedarte quieto en la comodidad, eres el mago para no desacomodarte en la vida, pero creemos que estos tips pueden ayudarte a convivir con esa especie cambiante con la que compartes este planeta: el resto de la humanidad.

- Date el beneficio de la duda de estar equivocado, solo una posibilidad pequeñísima de que puedes meter las patas. Te guardamos el secreto.
- Haz el complicado ejercicio de comunicarte, es decir, hablar, escuchar, responder. No solo gritar y ser cabezón y no dejar hablar al otro.
- Déjate modificar la agenda de vez en cuando, sal de la cajita hermética en la que vives.

COMO EX ERES...

Terminar algo es una de las actividades más complicadas para ti, porque no te gusta ni cambiarte de lugar en la mesa del comedor. Terminar una vida a la que estás acostumbrado, cambiar las rutinas que incluyen a la otra persona y, sobre todo, saber que no es para siempre y que vas a tener que empezar otra vez, puede sacarte de tus casillas. Eres capaz de aferrarte a esa persona en vez de enfrentarte a cualquier cambio. Ojo, Tauro, a veces el cambio puede traer felicidad.

Al principio todo te antoja insoportable, se te mueven esas patotas y el suelo de repente no parece estable. No importa de quién haya sido la decisión, tienes una tendencia a echarte la culpa en secreto. Prefieres guardarte y sufrir en soledad. Pero después de todo el proceso, y cuando hayas creado una nueva rutina, vuelves a ser el de siempre. *Ciao*, buena suerte y hasta luego. Si te encuentras en la calle con tu ex, lo saludas, pero ni borracho le dejas entrar en tu casa.

PARA QUE TE SOPORTES

- Cede un poquito. No te estamos pidiendo que te vuelvas el más malote del mundo, ni que mates a nadie. Solo que no te enfurezcas porque la reunión duró un poco más de lo previsto.
- Búrlate de ti, eres divertidísimo siendo ese toro furioso enamorado de la Luna. Semejante bestia furiosa, que inspira tanto respeto —o miedo—, es la que tiene el sentido del humor más fino e inteligente.
- Date la oportunidad de no tomarte la vida tan en serio y que no sea cuando estés superviejo. Es muy angustiante ver a los abuelitos en autos deportivos escuchando música electrónica de los noventa.

DINERO

TAURO Y EL DINERO

No te mientas, Tauro, tú amas el dinero, lo malo es que el dinero te ama a ti. Es una relación intensa, que a muchos les puede parecer materialista. Pero ¿quiénes son el resto para opinar?, ¿cierto? Eso sí, te recomendamos que si quieres vivir la vida que adoras y darte los gustos que tanto disfrutas, no queda otra... hay que trabajar.

¿Recuerdas la historia del rey Midas, ese que todo lo que tocaba lo convertía en oro? Pues considérate su tatara-tatara-tatara-tatara descendiente en la Tierra. Tienes facilidad para los negocios: generar riqueza, mantenerla y hacerla crecer se te da muy bien. No en vano en la astrología eres conocido como el signo hacedor de dinero.

Lo mío es mío. Y lo tuyo, tuyo. Por eso mejor que no vengan a pedirte dinero prestado si no quieren llevarse una patada de esas que tienes reservadas para los impertinentes. Sabes lo que te costó ganar tu dinero y por nada del mundo lo sueltas fácilmente. ¿Tacaño? Mmm, depende con quién.

NI POR TODO EL DINERO DEL MUNDO

Que no te pidan, Tauro, que improvises. Lo tuyo es definir objetivos, planificar cómo se llevarán a cabo y trabajar día a día para lograrlos. Siempre preferirás ir lento, pero seguro. ¿Dejar fluir y ver qué pasa? Sí, si lo que buscas es morir de un infarto. El desorden, los *deadlines* apretados y tener que hacer varias tareas a la vez, son los enemigos de tu productividad. Así que nada de ser rescatista de alta montaña, operador de la torre de control del aeropuerto, *wedding planner* o agente secreto de inteligencia.

Ten en cuenta que tu terquedad logra que saques adelante proyectos desafiantes por tu tenacidad, pero —acéptalo— no eres la persona más abierta a recibir comentarios ajenos.

TALENTOS ESCONDIDOS PARA TRABAJOS IDÍLICOS

Tu lado *foodie* es una de tus características más asombrosas. Estás viendo un capítulo de *Masterchef* y ya tienes dos o tres ideas del plato que prepararías si estuvieras concursando, ¿verdad? Hasta participarías, pero qué lata lidiar con preparar algo contrarreloj y, además, no poder comértelo al terminar. ¡Imposible! La comida es uno de los grandes placeres de tu vida, así que nadie mejor que tú para ser crítico gastronómico, de esos a los que todos temen o, peor aún, un chef tipo Gordon Ramsay, dueño, señor y dictador de su cocina.

Es hora de gritarle al mundo tu talento escondido, Tauro: deja ya los conciertos en la ducha. Sabemos que detrás de tu pragmatismo se esconde un gran talento para la música. Tu capacidad para concentrarte durante largos periodos de tiempo y tu paciencia para practicar una y otra vez hacen que tocar algún instrumento o entrenar tu voz te salga natural. Eso sí, que a nadie se le ocurra desafinar mientras esté en tu presencia. ¡Que corra!

¿EN QUÉ NO GASTAS TU DINERO?

Derrochador o malgastador, ¿tú, Tauro? ¡Jamás! Aunque te gusta la buena vida y no tienes problema en usar tu dinero en un buen restaurante, un gran viaje o ropa de marca, eres incapaz de gastar el dinero que no tienes. Antes muerto que endeudado.

Eso sí, si vas a gastar, gastas a lo grande. Nada de baratijas del mercado de pulgas, a ti te gustan las cosas de marca: no importa si es el último modelo de teléfono, ropa, accesorios de lujo o una joya fina. ¿Tu lema? «Antes calidad que cantidad.»

¿CÓMO INVIERTES, TAURO?

Seguridad es tu segundo nombre, Tauro. Y paciencia tu apellido. Cuando de invertir se trata, tu instinto queda anulado y prefieres trazar un plan meticuloso para buscar opciones confiables y hacer negocios; si estos son a largo plazo, mejor.

¿Hay que esperar un montón para ver resultados? Sí, buscar dinero rápido y fácil es para los amateurs, tú sí sabes que lo bueno se hace esperar. Enfócate en los depósitos a plazo fijo, bonos corporativos y fondos de inversión.

Tú debes ser el signo menos soñador del zodiaco, Tauro. Siempre andas con los pies bien puestos en la tierra. Por eso las inversiones inmobiliarias te interesan; no hay nada más seguro que apostar por un terreno que se puede ver, tocar y pisar. Si tus ahorros aún no alcanzan para comprar una propiedad —algo que, tarde o temprano, sabemos que lograrás—, los fideicomisos de inversión en bienes raíces también son una opción.

PARA QUE TE SOPORTES

Tu fama de tacaño es legendaria, Tauro. No digas que no te lo advertimos. Seamos honestos, no estaría mal que fueras un poco más espontáneo cuando de invitar se trate. Tampoco te pedimos que corras a la primera tienda Louis Vuitton a derrochar, no eres Mark Zuckerberg, quien es Tauro como tú, pero con la diferencia de que él es el CEO y fundador de Facebook, y tú todavía no.

- Haz una lista de cumpleaños de tus amigos más cercanos, piensa qué regalos te gustaría hacerles y ve comprándolos poco a poco. Eso te quitará el estrés de tener que gastar del tirón todo el tiempo.
- Recuerda que no tienes que soltar un dineral para impresionar a alguien. Los pequeños detalles o experiencias bien pensadas son los mejores regalos y los más apreciados.
- ¿Sabes qué es un *dupe*? Bueno, si buscas bien puedes encontrar esos productos caros que tanto te

gustan duplicados, y a precios más asequibles. No siempre tienes que ir perfumado con un Chanel N° 5.

- Déjate llevar por tu olfato. Tú sabes que tienes gran sentido para los negocios. Eso sí, relájate y no te vuelvas loco si te arriesgas demasiado. Tú más que nadie sabes cómo dejar toda inversión bien atada.

SALUD

VENUS, PLANETA DEL PLACER

Tú sí que sabes darle a tu cuerpo alegría, Tauro. Eres como Macarena. Eso pasa porque Venus es tu regente, y si algo le gusta a la diosa del amor, el sexo, la belleza y la fertilidad, es el placer. Por eso el disfrute para ti es como el canto de una sirena: te llama y te encanta. Pero comerse el mundo entero viene con un precio por pagar, y si quieres mantenerte como un toro vigoroso, te recomendamos que cuides tu alimentación, procures tus horas de sueño y dejes de ser tan enfadadizo.

Eso sí, Tauro, Venus te tiene con un lazo al cuello: así como por ahí bajan los manjares que tanto disfrutas, la garganta también es tu punto débil. Basta un airecito para que seas el primero con tos, cogiendo un gripazo, llenándote de mocos y quedándote sin voz. Toma unos buenos zumos de frutas y baja el estrés para darles fuerza extra a tus anticuerpos.

DEPORTES

No te engañes, no serás nunca esa persona que publica una *selfie* a primera hora presumiendo de haber terminado su rutina deportiva antes de ir a trabajar. Tus horas de sueño son sagradas y no hay poder en este mundo que haga que te levantes a las cinco de la mañana para hacer una hora de bicicleta o medio maratón. Ojo, no nos malinterpretes, los deportes de resistencia y contacto con la naturaleza como el *running* o el triatlón —o hasta el yoga al aire libre— van contigo, pero jamás antes del mediodía.

De paso, hazte otro favor: mantente lejos de los deportes extremos o de riesgo. Lo más arriesgado que vas a hacer, Tauro, es sacar los pasos prohibidos para la nueva coreografía en la clase de zumba.

CUENTA HASTA 10, TAURO

Ay, ay, ay, esos cuernitos tuyos sí que pueden hacer daño. Así que antes de que te veas obligado a usarlos, guíate por este manual para apagar la Taurobomba:

- Repite hasta el cansancio: «Todo saldrá bien», así estés hasta la coronilla de caos.
- Regálate algo para recuperar el buen humor: no será muy difícil encontrar alguna opción entre tus miles de carritos de compras por internet.
- Apúntate para un masaje relajante, y si es de dos, mejor.
- Escucha tu canción favorita una y otra vez, hasta el cansancio.
- Llévate a cenar porque «barriga llena, corazón contento» es tu *modus operandi*, a quién quieres engañar.

TUS FRASES MÁS ARROGANTES

- Si hay que levantarse temprano, conmigo ni cuenten.
- No es que sea terco, es que tengo razón.
- Yo no tengo mal carácter, solo una personalidad con la que muchos no pueden lidiar.

LO QUE TE QUITA EL SUEÑO

Ni la bruja de Blair ni el payaso de *It*, dar tu brazo a torcer es la peor de tus pesadillas. Eres amo y señor de «las cosas se hacen así porque yo lo digo», que nadie ose siquiera cuestionar tus modos, Tauro. Y es que claro que no son manías, tú has comprobado que se trata de la mejor forma de hacer algo.

¿Y si quiebra el banco donde está tu dinero? ¿Y si un terremoto destruye la casa? ¿Y si se trata de una estafa? Si quieres la receta para una noche de insomnio, basta con girar la rueda de escenarios disparatados que amenazan tu preciada estabilidad. Cuidado con eso, Tauro. No seas como Piscis, que vive con la cabeza llena de historias.

«¿Son solo amigos o me está engañando?» Apenas se te ocurra esa idea, ve despidiéndote de tus ocho horas de sueño. Con que una pequeña chispa encienda la mecha de tus celos, es suficiente para que tu cabeza se convierta en un voraz incendio.

PARA QUE TE SOPORTES

- Deja de *ghostear* a tu doctor cuando te dice algo que no te gusta. Ya sabemos que odias que te digan qué hacer, pero el único que pagará los platos rotos por no hacerle caso al médico serás tú, Tauro.
- Desintoxícate de la gente después de unos días con mucha actividad. Te gusta socializar, pero tampoco eres Teresa de Calcuta para ir haciéndote el simpático con cualquiera que tengas al frente.
- Mírate al espejo y practica decir: «Necesito de tu ayuda». Son solo cuatro palabras, toro. Vas a ver cuánto peso te quitas del lomo cuando te atrevas a decirlas.
- A ti, el más realista de los realistas, no te vamos a andar con cuentos: sabes que todos esos antojitos, tarde o temprano, te van a pasar factura. Pedirte que los dejes es una misión imposible, pero échate una mano y combínalos con deporte y mucha agua.

RITUALES EFECTIVOS

PARA NO SER TAN TESTARUDO

Si ser terco fuera un deporte, tú serías campeón olímpico. Y aunque muchas veces esa tenacidad te dio buenos resultados, no te engañes: hay muchas otras ocasiones que terminas dándote de cabezazos contra la pared. Hemos preparado esta guía para bajarle algunos decibeles a tu taurina terquedad.

- Escribe en notas adhesivas las tres veces más descaradas donde tu terquedad te dejó tan mal parado que hubieras querido ser avestruz y enterrar la cabeza con cuernos y todo.
- Después del baño, te tocará darte otra ducha de agua fría: la que te baje los humos. Frente a tu reflejo lee las notas en voz alta y mira cómo el más cabeza dura te saluda desde el espejo.
- Recuerda esa mirada la próxima vez que quieras salirte con la tuya sin razón.

PARA QUE SE ENAMORE PERDIDAMENTE DE TI

Tauro, sabemos que aunque estás enamorado de la Luna, a veces no te sale muy bien conjurar el hechizo del amor. Sigue este ritual (que carece de magia) y verás cómo tus citas mejoran de la noche a la mañana:

- Invita a esa persona que te tiene babeando a comer, pero recuerda que no todos son *foddies* como tú. Algunos somos fans de la espuma de agua de mar en reducción de vino y chiles rellenos. ¡Pregunta primero qué es lo que tu *crush* quiere probar! Y, sobre todo, dónde están sus límites. Esto también puede aplicar a otros ámbitos más picantes de tu noche.
- Una vez en el restaurante toma una copa de vino. No vaya a ser que los nervios te traicionen y se te trabe la lengua o se te enrede la cola.
- Deja que el otro hable, asiente y muestra interés en lo que comparte contigo. No des clases de maridaje, te lo rogamos, Tauro. ¡Sé el encanto que eres cuando estás con la barriga llena!

PARA QUE NUNCA ENFERMES

- Relaja las pezuñas; el mundo no se va a terminar porque te tomes un día libre de vez en cuando, Tauro. No te olvides de que hasta Dios descansó el séptimo día.
- ¡Tómate las medicinas! En este caso tú no tienes la razón. Recuerda que el doctor sabe más que tú porque —obviamente— pasó por lo menos 10 años en la universidad estudiando la carrera.
- No naciste en la época de los romanos: comer hasta reventar ya no está de moda. Tampoco beber hasta morir. Un *foodie* como tú debe cuidarse de los excesos. Y si ya se te pasó la mano, te aconsejamos que te hagas íntimo amigo del té de manzanilla o una infusión de menta.
- El mal de garganta es tu talón de Aquiles, así que hazle caso a tu abuelita: duerme con calcetines, lleva suéter cuando salgas de casa y no tomes bebidas heladas cuando haga frío en tus salidas.

OBJETO DE PROTECCIÓN

Ya sabemos que lo que te propones lo logras, Tauro. No tienes que repetirlo una vez más. Pero ni toda tu paciencia ni persistencia harán que encontrar un trébol de cuatro hojas sea más fácil: las oportunidades son una entre 10.000. Justamente esa rareza es la que lo convirtió en un símbolo de buena fortuna y protección. Lleva el trébol como una imagen dentro de la cartera, como llavero o en algún colgante o pendiente para que aleje las malas energías.

TALISMÁN

Si te toca pedir un deseo, seguro que la abundancia aparece en lo más alto de tu lista. Por eso el buda sonriente, mundialmente conocido por traer buena fortuna, es tu talismán. Una frotada de barriga y este gordito risueño atraerá riqueza para ti, no solo financiera, sino también espiritual. Colócalo cerca de la puerta de entrada de tu casa y, hagas lo que hagas, nunca lo dejes en la cocina, el baño o apoyado en el suelo, pues se considera una falta de respeto.

AMULETO

Prefieres siempre las gemas verdes. La más poderosa para ti es la esmeralda —¿imposible alejarse del lujo, eh, Tauro?—. De todas formas, aunque seas el rey del ahorro, puede que, para empezar, necesites algunas otras opciones más amigables al bolsillo. Toma nota:

Esmeralda

Te da energía y balance, y ayuda a eliminar sentimientos negativos.

Peridoto

Equilibra tu terquedad y te da confianza para lanzarte a nuevas aventuras.

Turmalina verde

Ayuda a reconectarte con tu energía y te revitaliza.

Jade

Refuerza tu voluntad y alivia resentimientos (¡qué bien te vendría esto a veces!).

PRUEBA

TU PRIMER ELEMENTO

A continuación, un test para saber si eres un Tauro de tomo y lomo. Una forma infalible para saber si estás alineado con tu signo solar. Cinco preguntas sobre tu personalidad que revelarán el verdadero toro que eres (o no):

1. Tus amigos acaban de tener un hijo y te piden por favor que lo cuides un fin de semana. Aceptas, pero ya sabes cómo acabará la cosa...

A) Acabará bien porque tienes una paciencia infinita con los niños pequeños y eres una persona responsable.

B) Fatal. Les acabaré chillando por no comportarse como quiero.

C) Sin más. Les pondrás unos vídeos de YouTube y te pirarás al bar. ¿Qué podría salir mal?

2. Cuando eras pequeño y tenías que acabar un dibujo en cinco minutos, ¿cómo acaba esta maravillosa obra de arte?

A) Me quedaba un rato más o me lo llevaba a casa, ¡todo debe ser perfecto!

B) No lo acabo. Las reglas no van conmigo.

C) Lo dejo como está. Si no entienden mi arte es culpa suya.

3. Cuando vas a un restaurante y tus amigos se dejan casi toda la comida, ¿cómo reaccionas?

A) Les monto un buen lío y después me lo como yo.

B) Les meto una bronca a los del restaurante por poner porciones tan grandes, ¡la comida no se desperdicia!

C) No les digo nada. Es su dinero y su comida, además, yo tampoco me suelo acabar la mía.

4. ¿Cómo te describen tus parejas en el día a día?

A) Una persona muy sensual y cariñosa.

B) Una persona muy caótica. Lo más normal es que acabe haciéndoles *ghosting* y que me echen en cara que no les dedique mucho tiempo.

C) Pasota. Si me acuerdo les doy un abrazo, pero poco más.

5. ¿Qué haces durante las vacaciones?

A) Comer y dormir, para eso están.

B) Escalar 20 montañas, enamorarme 5 veces y acabar en el calabozo.

C) Yo vivo de vacaciones.

RESULTADOS

A: La persona más Tauro que existe en la tierra se retira porque tú le has quitado su trono. Es increíble lo mucho que resuena el signo del toro en ti, eres un cliché de tu signo en el mejor de los sentidos.

B: Eres demasiado caótica, impulsiva y anárquica como para estar dentro del canon Tauro, ya lo siento.

C: Eres demasiado pasivo como para ser Tauro, no tienes muchos ideales ni principios, pero vives más tranquila.

TU SEGUNDO ELEMENTO

«Nada que ver, yo no soy para nada así.» Uff, hasta aquí podemos escuchar tus bramidos quejumbrosos, Tauro. ¿Es que no quieres aceptar tu pura y dura realidad o discrepas de verdad? Si es lo segundo, lamentamos informarte de que no somos nosotros, eres tú y tu carta astral. ¿Que qué? Así es, aunque hayas nacido Tauro, todas las variables de tu carta astral generan matices que se reflejan en tu personalidad.

Puede que seas toro desde las pezuñas hasta la punta de tus cuernos, pero a estas alturas ya sabes que en la astrología nada es blanco o negro y que a tu elemento terrenal se le suma o un poquito de aire, o un chorrito de agua o una pizca de fuego.

Esta prueba está diseñada para que descubras cuál es tu segundo elemento y puedas conocerte un poco más. Averigua de dónde salen esas reacciones tan poco taurinas, pero que son tan naturales en ti.

Asigna un punto por respuesta positiva. Y si no eres ni uno ni otro, pues asigna medio punto por respuesta.

	SÍ	NO	A VECES
FUEGO			
¿Vives la vida a lo grande, sin reservas, sin importar lo que pase a tu alrededor?			
¿Eres auténtico, directo, dices lo que piensas y no dejas que nadie se imponga sobre ti?			
¿Eres el líder natural de todos tus círculos por ser el que planea, motiva y, a veces, manda hasta sin darse cuenta?			
Si alguien te cuestiona, ¿haces todo lo posible para demostrar quién es el que manda?			
¿Es inevitable para ti pensar que tu felicidad es lo más importante del «mundo mundial» y todo lo que se interponga entre tu felicidad y tú debe ser eliminado?			
Cuando hablas, ¿tienes un impulso descontrolado y dices todo lo que se te pasa por la cabeza sin pensar en las consecuencias?			
TIERRA			
¿Tus acciones son gobernadas por la lógica y no permites que los sentimientos interfieran en tus decisiones?			
¿Tienes síndrome del árbol? (Quieres sentarte en la misma silla, ordenar las cosas de igual manera en todos tus asuntos, es difícil pensar en una mudanza o en cambios drásticos repentinos.)			

	SÍ	NO	A VECES
¿Te gusta más tener un recuerdo físico y palpable que una loca experiencia?			
¿Eres apegado a tus pertenencias y podrías dedicarte a ser un coleccionista profesional?			
¿La disciplina es una característica fundamental para tener éxito en cualquier aspecto de la vida? (Hasta para la diversión creas reglas.)			
¿Podrías anteponer tu bienestar laboral a tu vida personal o tus gustos?			
AGUA			
¿Tus sentimientos mandan en tu vida? (Mejor dicho, ¿eres *drama queen?*)			
¿Piensas que nadie puede entender lo profundo de tus sentimientos?, ¿que los demás no sienten igual?			
¿Te es más fácil llorar que anudarte los cordones?			
Y aun con lágrimas en los ojos, ¿sientes que puedes con todo y que nada puede destruirte?			
A la hora del amor, ¿eres un romántico empedernido y tu pareja se convierte en el centro de tu vida?			
¿La palabra *infidelidad* te suena rarísima y no sabes ni siquiera cómo alguien puede pensar en otra persona que no sea su pareja?			

	SÍ	NO	A VECES
AIRE			
¿Tu gran pasión está en cómo puedes decir o entender todo lo que pasa a tu alrededor?			
¿Eres el alma de la fiesta y respiras vida social?			
¿Calculas todo, piensas demasiado y, muchas veces, esos pensamientos no llegan a concretarse?			
¿Puedes sostener una conversación de lo que sea, con quien sea, sin ningún tipo de problema?			
¿Solamente pensar en que vas a estar en el mismo lugar durante mucho tiempo te eriza la piel y sientes horror?			
Cuando hablas con personas, ¿a menudo te dicen que se sienten comprendidas?			

¿Cuál fue tu mayor puntuación? Suma los puntos y descubre tu resultado en las siguientes páginas.

RESULTADOS

Mayoría de fuego

Hay momentos en que el fuego se te sale por los poros. Aunque pareces estar siempre bajo control, puede que una cama no sea tu lugar ideal para una noche de revolcón y hasta que la lentitud sea tu kryptonita. Vives alimentándote de pasión y energía. Tienes una personalidad fuerte que se compara con el sol: a veces calientas y otras chamuscas. Te gusta vivir al límite, y te concentras con tanta intensidad que, muchas veces, no te das cuenta de qué pasa a tu alrededor o a quiénes pueden lastimar tus actos.

Los signos de fuego son: Aries, Leo y Sagitario.

Mayoría de agua

Por un lado, eres realista y sensato, y un segundo más tarde estás sonándote los mocos por la belleza de las mariposas volando. Aunque escondas mucho tras esos cuernos y tu cara seria, Tauro, basta un poquito de agua para que florezcan tus emociones y sientas todo con mucha intensidad: el amor, la alegría, el odio, la frustración. Tus reacciones pueden ser en extremo dramáticas cuando se trata de los sentimientos. En la cama tienes la lujuria potente de Escorpio, que de agua mansa pasa a ser esa tormenta rugiente que deja sin aliento y libera pura energía.

Los signos de agua son: Cáncer, Escorpio y Piscis.

Mayoría de aire

Que sople el viento para remover tus excesos de tierra, Tauro. Así tu practicidad no te convierte en inflexible y tu gustito por el control no se sale de los límites. Que no se te olvide que solo los bobos tratan de tomar el aire con los puños. Si tu segundo elemento es el aire vayan dándose media vuelta los aburridos y, bye bye, si te vi, no me acuerdo. La vida es una sola y no da para quedarse sentado esperando por nada ni nadie. Si te enfocas en eso, podrías ser hasta el más rápido en pasar la página, todo un logro para el toro.

Los signos de aire son: Géminis, Libra y Acuario.

Mayoría de tierra

Ahora sabemos por qué eres tan terco, ¡tienes dos veces el mismo elemento! Ya decíamos que no era normal que te arriesgaras a ser cancelado simplemente por defender una verdad que a leguas es una falsedad.

Tu carácter es fuerte y sólido; a diferencia del fuego, a ti no se te pasan tan rápido los problemas, pero no haces un escándalo por eso. En la cama prefieres un toqueteo más largo y te tomas tu tiempo para calentar las cosas, no tienes prisa y lo disfrutas todo lentamente. Eres estable y disciplinado —al menos en tu forma de pensar—. Tu cabeza nunca visita las nubes, tienes los pies firmes en el suelo. El sentido de propiedad privada trasciende a las personas, por lo que eres propenso a los celos. Eres cuadriculado en tu pensar y eso se traduce en que eres muy terco.

Los signos de tierra son: Tauro, Virgo y Capricornio.

¡Enhorabuena, querido Tauro! Has llegado hasta el final de la prueba y, también, al final de esta guía. No esperábamos menos de ti, sabemos que lo que empiezas siempre lo terminas.

Querido Tauro, después de todo lo que hemos dicho en este libro, de cómo hemos descrito y desvelado los más íntimos secretos de tu personalidad (eso que ni a ti te gusta admitir o que no habías notado de manera consciente), creemos que esta prueba te ha enseñado que no debes ser tan inflexible con los extremos, sino que hay una enorme escala de grises en medio.

Ya que has sobrevivido a esta cantidad desproporcionada de verdades sin adornos, como te gusta, piensa en este libro como un manual de consulta al que puedes volver cada vez que se te olvide lo hedonista, confiable, testarudo y estable que eres. Si te gusta seguir el horóscopo, seguro que te gustará conocer más de tu ascendente, tu Luna, y cómo entender los pedazos que no te encajan del todo. Si es así, no dudes en consultar los otros signos para acabar de soportarte a ti mismo.

GLOSARIO

Planeta regente, Mercurio retrógrado, signo ascendente... Respira hondo y no te desesperes. Hemos preparado un glosario para que entiendas mejor los términos.

Signo solar

El que le preguntas a tu *crush* y que siempre consultas en el horóscopo. Se define teniendo en cuenta en qué constelación se encontraba el Sol, el día y mes en que naciste.

Carta astral

Es la «foto» de cómo estaba el cielo aquel preciso instante en el que naciste. Con ella conocerás la posición exacta de los planetas: tu signo solar, tu ascendente y descendente, así como características únicas.

Signo ascendente

Representa la forma en la que te acercas a la vida y cómo te perciben los demás. Se define teniendo en cuenta qué signo asomaba por el horizonte al momento de nacer. Para saber cuál es el tuyo necesitas tu carta astral.

Signo descendente

Tu signo descendente —al ser el opuesto a tu ascendente— representa a tu posible compañero de vida. Calcúlalo de forma fácil: están a seis signos de distancia uno del otro. Conocerlo te ayudará a entender mejor a tu pareja y lo que buscas o encontrarás en ella.

Mercurio retrógrado

Este fenómeno se da cuando este planeta pareciera quedarse quieto e ir en retroceso, en «retrogradación». Y como Mercurio es el responsable de la comunicación, los malentendidos y desacuerdos están a la orden.

Planeta regente

Cada signo del zodiaco vibra de forma particular con un planeta del sistema solar o sus astros, y esa afinidad energética es la que define el planeta correspondiente a tu signo.

Elementos

La tierra, el fuego, el aire y el agua son los cuatro elementos de la astrología y cada signo del zodiaco está relacionado con uno de ellos. Los signos de tierra son cuadrados y confiables. Los de fuego son pura chispa, y con energía. Los signos de aire son visionarios y rápidos de pensamiento; y los de agua destacan por su intuición y sensibilidad.